SECOND DIALOGUE

ENTRE

CHÉNIER ET TRONCHET,

DÉPUTÉS.

SECOND DIALOGUE

ENTRE

CHÉNIER ET TRONCHET,

DÉPUTÉS.

Tronchet. Je vous rencontre fort à propos, pour vous parler de la fâcheuse aventure qui nous arrive à tous deux.

Chénier. Qu'est-ce donc, mon cher collègue ?

Tronchet. Quoi ! est-ce que vous ne savez pas que notre dernier entretien est imprimé et répandu dans Paris, si même il ne l'est pas dans toute la France ?

Chénier. Eh bien, que m'importe ? Depuis le 18 fructidor, nos actions nous ont telle-

A

ment mis à découvert, que nous ne pouvons plus tromper personne, et que nous n'avons plus rien à ménager. Qu'on nous craigne, c'est assez.

Tronchet. Cependant vous me disiez, dans ce dernier entretien, qu'il falloit tromper la masse *hébétée* du peuple, et que c'étoit là l'objet des fêtes que vous appelez *nationales*, dans lesquelles les deux Conseils, oubliant leur dignité, rivalisent avec Ruggiéri, et disputent entr'eux à qui brûlera le plus de poudre et de suif.

Chénier. Oui ; mais le peuple n'achètera pas notre dialogue, et par conséquent il ne le lira pas non plus : et quand il le liroit, il n'y auroit encore aucun inconvénient pour nous, parce que nous l'avons accoutumé à ne croire que le mensonge, et qu'il n'y a que des vérités dans ce dialogue.

Tronchet. A la bonne heure. Depuis sept ans que vous faites vos exercices révolutionnaires, vous devez avoir acquis une grande expérience, et je m'en rapporte volontiers à vous. Parlons donc d'autre chose. Est-il vrai, comme tout l'annonce, que le Directoire veuille la continuation de la guerre ?

Chénier. Oui ; et il a raison : car si la paix générale étoit faite , il n'y auroit plus de pré-texte aux *grandes mesures de salut public ;* et quelle que soit la docilité, la pusillanimité des Français , nous serions forcés de rentrer jusqu'à un certain point sous l'empire de la constitution. Or, c'est précisément ce que nous ne voulons pas , attendu qu'il est plus facile et plus lucratif de gouverner *révolutionnairement* que de gouverner *constitutionnellement.* D'ailleurs , la guerre est pour nous une source inépuisable de fortune ; et ne durât-elle encore qu'une année , j'espère bien que mon intérêt dans la fourniture dont je vous ai parlé me vaudra de 800,000 livres à un million. Je veux, s'il est possible , devenir aussi riche , non pas qu'un de nos directeurs, mais que le caporal Merlin (de Thionville) , ou le *grand cousin* Ch. Lacroix , qui étoient si pauvres quand ils vinrent à la Convention , et qui aujourd'hui sont à-la-fois de gros propriétaires et de gros capitalistes.

Tronchet. A ne vous rien dissimuler, je suis scandalisé qu'un législateur soit intéressé dans les fournitures de la guerre ; car enfin ce seroit à nous à faire tous nos efforts pour amener la fin de cette guerre dévorante , où s'engloutissent et la fortune publique et nos enfans. Ce seroit à nous aussi à réprimer les dilapidations , les vols dont elle est le moyen. Et comment le pourrons-nous, si une partie du Corps-Législatif prend part à ces vols ? Bon Dieu ! que doit devenir une nation dont les *représentans* sont intéressés au pillage de ses finances et à sa ruine totale ?

Chénier. Songeons d'abord à nous ; ensuite, quand nous n'aurons plus rien à désirer, nous donnerons, par-ci par-là, quelques soins aux gouvernés, que nous pourrions appeler nos *sujets*, tant ils nous sont soumis. Il faut que nous restions les maîtres de la France ; et pour atteindre ce but, la richesse nous est indispensable, puisqu'elle seule maintenant donne du poids et de la considération parmi nous. Notre ami Chazal a fini par le sentir, et las de n'être que le Seïde du grand-vicaire Sieyes, il s'est jeté dans les fournitures de la marine.

Tronchet. Mais où prenez-vous des fonds pour ces entreprises ?

Chénier. Ah ! on voit bien que vous n'êtes pas initié dans les grands mystères. Vous croyez donc bonnement que nous faisons des avances au gouvernement ? Non, mon cher, nous ne sommes pas si dupes. C'est la trésorerie qui fournit tous les fonds ; et comme les entrepreneurs apparens ne sont que des prête-noms, derrière lesquels se trouvent sou-

vent un directeur, le ministre du départe-
ment, le premier commis chargé de la partie,
et quelques députés, vous concevez que l'affaire ne peut jamais être que très-bonne. Si
le prix convenu de la fourniture est 45
millions, nous ne livrons réellement que pour
30 millions ; et c'est conséquemment une
somme de 15 millions que, sans bourse dé-
lier, nous partageons entre nous.

Tronchet. En vérité, vous me faites frémir
d'horreur, et par les choses que vous m'ap-
prenez, et par la maniere froide et indiffé-
rente dont vous me les racontez. Je vois avec
une douleur profonde que nous n'aurons ni
ne pouvons avoir la paix, et c'est un des
fruits empoisonnés du 18 fructidor. J'avois
cru pendant quelque tems que le Directoire,
imitant Cromwel dans sa tyrannie, auroit la
noble ambition de l'imiter aussi dans son
adroite et sage politique, et qu'il emploieroit
utilement, pour la patrie expirante, le *pouvoir
illimité*, qu'au mépris de nos devoirs et de
nos sermens nous avons si imprudemment
remis en ses mains. Mais que je me suis
grossièrement abusé ! Avec quelque différence
dans les formes extérieures, sa conduite est
calquée sur celle de l'exécrable comité de salut
public. S'il a des ambassadeurs et des consuls,
c'est pour souffler le feu de la révolte dans
les pays où ils sont ; c'est pour y répandre

lès absurdes et dangereux principes d'Anacharsis Clootz, sur ce qu'il appeloit la *république universelle*. Les Etats-Unis et la Porte Ottomane, en particulier, en ont des preuves irréfragables : et comme si le Directoire craignoit de ne pas se rendre assez odieux par ses agens, il envoie à Naples Garat qui conduisit Louis XVI à l'échafaud, après lui avoir lu au Temple le décret qui le condamnoit de deux ou trois voix, en comptant celle du duc d'Orléans ; il envoie à Rastadt Jean de Brie, qui dans son délire révolutionnaire, proposa de former un régiment sans uniforme, et de le répandre dans toute l'Europe pour *assassiner* les rois ; il envoie à Stockholm Lamarque, connu pour un des plus furieux jacobins ; enfin, il envoie à Milan Fouché de Nante, qui fut le compagnon et l'émule de Collot-d'Herbois dans le pillage et les massacres de Lyon. Pourquoi le tour de Vadier, Barrère, Robert Lindet, Panis, Sergent, Pache, Maignet ne viendroit-il pas aussi ?

Chénier. Vous voilà bien en colére contre le Directoire ! Vous oubliez donc que malgré sa puissance, il faut qu'il ménage le parti qui a porté chacun de ses membres au faîte des grandeurs ? Vous oubliez aussi que les cinq directeurs pensent comme ceux que vous venez de nommer, et que c'est à ce titre qu'ils ont été choisis pour tenir les rênes du gouvernement. Et puis , à qui voulez-vous qu'ils donnent les places ? Aux *hommes d'état* , si décriés par Marat , Hébert et Robespierre ? aux *principiers* , pour me servir d'un terme heureux inventé par notre ancien et digne collègue Poultier ? ils s'en garderont bien ; car , comme Rousseau le disoit à l'archevêque de Paris : *Quelle langue commune pourroient-ils parler , et comment pourroient-ils s'entendre ?* Quand Rewbel , par exemple , leur diroit : *Allez, propagez notre doctrine, et que l'arbre de la liberté s'élève partout à votre voix; ordonnez aux rois de Sardaigne et de Naples, de la part du Directoire de la GRANDE NATION, de mettre hors de leurs bastilles les PATRIOTES piémontais et napolitains qu'ils ont fait incarcérer;* ils lui objecteroient le *droit des gens* , *l'indépendance des gouvernemens,* et Rewbel qui regarde ces termes de la vieille diplomatie comme un signe certain du *modérantisme* de ceux qui les prononcent , brusqueroit vos tristes *principiers* et les chasseroit en jurant , ou les rappeleroit aussitôt qu'ils seroient arrivés à leur destination. Le Directoire fait donc très-bien de n'employer que des hommes qui ont *donné des gages à la révolution,* pour parler comme Chaumette de patriotique mémoire, et comme Treilhard qui se sert fréquemment de cette phrase expressive.

Tronchet. Fort bien. Je conçois à présent

pourquoi le Directoire , sans avoir égard à la capacité ou à l'incapacité , aux convenances ou aux inconvenances , envoie dans les cours étrangères des hommes qui personnellement ne peuvent que leur être désagréables. Je conçois de même pourquoi ces invasions de flibustiers , ces renversemens de gouvernemens amis ou neutres, qui annoncent au monde entier qu'il vaut mieux être avec nous en guerre ouverte , que de s'endormir sur la foi des traités dans une paix trompeuse et meurtrière. Je conçois encore pourquoi ces provocations inouies, qui ont forcé les Etats-Unis et la Porte Ottomane à se réconcilier avec l'Angleterre et la Russie , pour se réunir tous contre nous, et se joindre à l'Autriche, qui réclame en vain l'exécution du traité de Campo-Formio. C'est que le Directoire et ses nombreux complices au Corps-Législatif veulent une guerre éternelle , ou tout au moins aussi durable que leur calamiteuse domination. Mais en ce cas , par quel trait de démence ou d'ivresse le Directoire a-t-il envoyé périr dans les sables de l'Afrique l'élite de nos troupes et de nos généraux, et sacrifié pour cela des sommes immenses et le reste de notre misérable marine ?

Chénier. Ah ! c'est ici sans doute que la marche du Directoire doit vous paroître inexplicable. Je vais vous en donner la clef, comme je vous l'ai promis en finissant notre entretien *sur les fêtes nationales.* La constitution de l'an 3 n'étant plus, par notre fait, qu'un chiffon méprisé, nous sommes tous regardés comme des usurpateurs et des tyrans; et nous n'avons, pour nous maintenir, que la force et la violence. Aussi sommes-nous bien déterminés à les employer, et même (si nous en avons besoin) à rétablir les tribunaux et comités révolutionnaires. Mais un homme plus capable que Cromwvel et non moins embitieux, nous donnoit de grandes inquiétudes. Nous le voyions le jour dans nos réflexions et la nuit dans nos rêves, comme prêt, d'un moment à l'autre, à profiter du mécontentement général pour *nétoyer les écuries d'Augias* et s'élever sur nos ruines. Cet homme, c'étoit Bonaparte. Sa conduite en Italie l'avoit rendu *suspect* au Directoire, parce qu'il y avoit laissé subsister des trônes qu'il auroit dû abattre ; qu'il avoit fait le traité de Campo-Formio malgré Rewbel et Laréveillère ,et qu'il avoit écrit au corps-législatif ligurien de ne point ôter aux ci-devant nobles de cette république l'exercice des droits de cité, dans le tems même que nous l'ôtions à ceux de France. Si le Directoire l'eût osé, il l'auroit fait arrêter au milieu de son armée ; et chargé d'une conspiration *prouvée* comme celle de Pichegru, il auroit été le rejoindre à la Guyane et lui donner des nouvelles du romanesque porte-feuille de d'Antraigues. Mais il eût été trop dangereux de hasarder un coup si hardi, sans avoir la certitude du succès. On l'a donc fait président de notre légation à Rastadt; puis, à peine y étoit - il arrivé, qu'il a été appelé à Paris, sous prétexte de concerter avec lui sur les moyens de conclure une paix qu'on ne désiroit nullement, ou dont en tous cas on ne vouloit pas qu'il eût la gloire. Ensuite, on l'a nommé général de l'*armée d'Angleterre*, qui devoit passer en ballons dans cette isle pour la ruiner et la perdre sans ressource, c'est-à-dire pour lui donner des sociétés populaires, une constitution, un corps-législatif et un directoire comme les nôtres. Il n'a pas manqué de s'appercevoir qu'on le jouoit ; et soit qu'il n'eût pas les projets que nous lui supposions, ou que séparé de son armée il n'ait pas cru pouvoir les exécuter ; soit que pénétrant les préventions du Directoire il ait craint le sort de Pichegru, il a fortement approuvé l'incursion sur l'Égypte, qu'on n'avoit imaginée que pour se débarrasser de lui ; et ce qui est piquant, c'est que la méfiance et la peur s'étant vraisemblablement emparées de lui comme de nous, il a quitté la France avec autant de plaisir que nous en avons eu à le voir partir. Ainsi, le motif secret de cette étrange expédition est une véritable *déportation*, déguisée sous des couleurs brillantes, et à laquelle il n'a manqué que le nom et les formes ordinaires. Les autres généraux que Bonaparte a emmenés avec lui, n'étoient point non plus *des nôtres*, et nous avons profité de l'occasion pour les mettre hors d'état de nous nuire.

Tronchet. Il faut en convenir, voilà une abomination d'un genre tout-à-fait nouveau, et les paroles me manquent pour exprimer l'indignation dout je suis pénétré. Mais vous, champion du Directoire, n'êtes-vous pas effrayé de l'accusation à laquelle il seroit exposé, si par hasard le Corps-Législatif venoit à être composé d'hommes dignes de leur mission, et qui eussent pour eux l'opinion publique ?

Chénier. Cela n'arrivera pas, je vous en réponds, et je vous l'ai démontré invinciblement dans notre dernier entretien. Les cinq membres du Directoire seront morts de vieillesse, avant que la France ait une représentation capable de les livrer à la haute-cour : et encore l'eût-elle, cette représentation, où seroit la preuve de la *déportation* que je viens de vous révéler ? Le fait se réduiroit à une expédition que le Directoire avoit le droit d'ordonner.

Tronchet. Non, il n'en avoit pas lé droit. La constitution porte, art. 326 : « La guerre » *ne peut être décidée que par un décret du* » *Corps-Législatif,* sur la proposition formelle

(14)

„ et nécessaire du Directoire „. Or il a en-
vahi l'Egypte et Malte sans cette *décision* préa-
lable et indispensable. Donc il a commis un
crime capital, et dont les conséquences sont
déjà et seront encore funestes à la république.

Chénier. Mais nous avons déclaré que les
armées employées à ces invasions, avoient *bien
mérité de la patrie.* Dès-lors, dans votre sup-
position d'un nouveau Corps - Législatif qui
voudroit rechercher le Directoire, il diroit :
*Vos prédécesseurs ont approuvé les actes que
vous blâmez ; eux seuls en étoient juges, et vous
n'avez plus rien à y voir ; notre responsabilité
est épuisée.*

Tronchet. Eh bien, on en seroit quitte pour
nous accuser tous avec lui, comme de lâches
complices.

Chénier. Bon ! quand il y a tant de coupables,
on ne peut plus en punir aucun.

Tronchet. Ce que vous dites là seroit faux,
si on nous traitoit comme nous traitons les
autres, si on nous proscrivoit *in masse* et sans
jugement. Comment trouvez-vous la nouvelle
résolution que les Cinq - Cents viennent de
prendre contre les victimes du 18 fructidor ?

Chénier. J'étois à une grande chasse de

Barras ce jour - là ; mais je vous avouerai , entre nous , que c'est le Directoire qui a voulu que nous leur portassions ce dernier coup , parce qu'il est furieux contr'eux tous , depuis que Pichegru et Barthélemy sont en Angleterre. Je tiens ces renseignemens de Génissieux et de Lecointe , qui , comme vous le savez , sont *aux gages* du Luxembourg.

Tronchet. Le Directoire a *voulu !* Sommes-nous donc les passifs et vils instrumens de ses iniques et oppressives volontés ? Votre résolution est une monstruosité dont on chercheroit vainement quelque trace dans les fastes de la tyrannie la plus atroce. Vous condamnez à la déportation des hommes , à qui vous imputez vaguement et *in-globo* un crime imaginaire : ces infortunés voyant qu'il ne leur est pas permis de se défendre , et qu'ils ont affaire non aux juges que la constitution et les loix leur assignent , mais à des ennemis armés de canons et de bayonnettes , prennent la fuite , ou s'ensevelissent dans des cavernes pour éviter leurs assassins ; et 14 mois après vous leur dites : *Présentez-vous à vos bourreaux , ou nous confisquions vos biens , qui ne sont pas confiscables ; c'est la peine qu'il nous plaît d'attacher à votre évasion.* Qu'est-ce donc qu'un acte aussi absurde , aussi barbare ? Est-ce une *loi ?* Elle ne peut atteindre les délits *antérieurs* à sa promulgation ; et ici le délit , si l'évasion pouvoit en être un , auroit précédé la loi de plus d'un an. Est-ce un *jugement*? Vous n'êtes pas juges ; et si vous l'étiez, votre jugement seroit cassé comme attentatoire à la constitution, et peut-être seriez-vous punis comme coupables de forfaiture. Quel spectacle, qu'un Corps-Législatif qui, aveuglé par des passions honteuses et courbé sous la servitude la plus flétrissante, renverse ainsi toutes les règles de la justice, de la morale et de la sociabilité!

Chénier. Allons, voilà que vous vous déchaînez encore contre une mesure, sinon juste et régulière, du moins très - *politique*. Ne voyez-vous pas que le 18 fructidor ne plaît qu'à ceux qui en ont profité, et qu'il n'y a pas jusqu'aux jacobins qui ne le blâment, depuis que le 22 floréal ils en ont eux-mêmes ressenti les effets? Il faut donc que nous redoublions de rigueur, pour empêcher nos victimes de se relever, et que nous les fassions mourir de faim, puisque nous ne pouvons nous en défaire autrement. Coupables, nous pourions leur pardonner, mais innocens, point de miséricorde.

Tronchet. C'est apparemment par cette raison que Barrère condamné aussi à la déportation, et pour des crimes trop réels et trop notoires, reste publiquement en France, et que cependant vous ne le faites pas arrêter et que vous ne confisquez pas ses biens. Quelle infâme partialité !

Chènier. Finissons cette conversation, qui est la dernière que j'aurai avec vous ; car je vois à regret que vous ne pourrez jamais vous *élever à notre hauteur*, et que vous vous traînerez toujours sur les pas des *principiers*. J'aime ce mot à la folie. Adieu.

Tronchet resté seul s'écrie :

O sagesse des dieux, je te crois très-profonde ;
Mais à quels plats tyrans as-tu livré le monde !

16 brumaire an 7.